Yer Ain

Mair beuks in Scots available frae Evertype

Written Scots in Scotland and Ulster, by Andy Eagle, furthcomin.

The Time Machine, by H. G. Wells, tr. Sheena Blackhall, furthcomin.

The Inveesible Chiel, by H. G. Wells, tr. Sheena Blackhall, furthcomin.

The War o the Warlds, by H. G. Wells, tr. Sheena Blackhall, furthcomin.

Hamethochts, by Elaine Morton, 2019.

O Mice an Men, by John Steinbeck, tr. Sheena Blackhall, 2018.

Fey Case o Dr Jekyll an Mr Hyde, by Robert Louis Stevenson, tr. Sheena Blackhall, 2018.

The Winnerfu Warlock o Oz, by L. Frank Baum, tr. Sheena Blackhall, 2018.

Jean Eyre, by Charlotte Brontë, tr. Sheena Blackhall & Sheila Templeton, 2018.

Mou Her Name, Gabriel Rosenstock's *Uttering Her Name*, tr. John McDonald, 2018.

Ahlice's Aveenturs in Wunderlaant, *Alice* in Border Scots, tr. Cameron Halfpenny 2015

Alice's Mishanters in e Land o Farlies, *Alice* in Caithness Scots, tr. Catherine Byrne 2014

Alice's Adventirs in Wunnerlaun, *Alice* in Glaswegian Scots, tr. Thomas Clark, 2014

Ailice's Anters in Ferlielann, *Alice* in North-East Scots, tr. Derrick McClure, 2012

Alice's Adventirs in Wonderlaand, *Alice* in Shetland Scots, tr. Laureen Johnson, 2012

Ailice's Àventurs in Wunnerland, *Alice* in SE-Central Scots, tr. Sandy Fleemin, 2011

Ailis's Anterins i the Laun o Ferlies, *Alice* in Synthetic Scots, tr. Andrew McCallum, 2013

Alice's Carrànts in Wunnerlan, *Alice* in Ulster Scots, tr. Anne Morrison-Smyth, 2013

Alison's Jants in Ferlieland, *Alice* in West-Central Scots, tr. James Andrew Begg, 2014

YER AIN
The Young Yins and the Auld Yin

Written and illustratit by
Edward F. H. Chisnall

2021

Publisht by/*Published by* Evertype, 19A Corso Street, Dundee, DD2 1DR, Scotland. www.evertype.com.

Text and illustrations © 2021 Edward F. H. Chisnall.
This edeetion/*This edition* © 2021 Michael Everson.

Edward F. H. Chisnall haes asserted his richt conform tae the Copyright, Designs and Patents Act, 1988, tae be kent as the author o this wark.
Edward F. H. Chisnall has asserted his right under the Copyright, Designs and Patents Act, 1988, to be identified as the author of this work.

First edeetion/*First edition* 2021.

Aw richts reserved. Nae pairt o this publication mey be copied, stored in a retrieval system, or transmittit, in ony form or in ony wey, electronic, mechanical, photocopyin, recordin, or itherweys, withoot the prior permeession in writin o the Publisher, or as expressly permittit by law, or conform tae terms agreed wi the appropriate reprographics richts organization.
All rights reserved. No part of this publication may be reproduced, stored in a retrieval system, or transmitted, in any form or by any means, electronic, mechanical, photocopying, recording, or otherwise, without the prior permission in writing of the Publisher, or as expressly permitted by law, or under terms agreed with the appropriate reprographics rights organization.

A catalogue record for this beuk is can be gotten frae the British Librar.
A catalogue record for this book is available from the British Library.

ISBN-10 1-78201-276-1
ISBN-13 978-1-78201-276-4

Typeset in Ronaldson and Kleukens Antiqua by Michael Everson.

Cover: Michael Everson.

This beukie is dedicatit as mair than a myndin, but a screivin dedicatit tae the constant courage the fou herts o thae fechters on the front line o the Weir on the Pandemic, Covid-19.

Wi nae thocht o the danger thae hae cleckit, wi the strenth that luve gies ye, tae aw and ivery wan hecht hero in the great effort tae care for and comfort, tae cure and be thare for Alba, I dedicate this wirk aboot the rebirth o the auld nation o Scotland and oor Weir on the Pandemic, sodgers aw, protectin oor hame and hearth.

Thanks for yer great herts, for yer care aw weys. We luve ye.

Contents

A Wird tae the Fore... ix
Forward!... xi
Canto Couplet tae Stert Ye Aff... 3
   The Weans Saw Unseen and Inveesible Fowk... 21
   The Green Mad Ghoul... 27
   The Weel-Uised Count and Ill-Uised Countess... 33
   Aw Thae People... 35
   We Interviewed the Deid and They Said...... 39
Canto The Weans Warna Weans Ony Mair... 43
Canto Saisonal: Thrawn as Winter's Gig... 48
   The Auld Yin Says... 48
   We the People o the Midden Caw Oot tae Ye... 52
   Camlachie Burn Places... 55
Canto Manque: Places Ye'll Aye Leuk For... 57
   Nazarene Time... 59
   Yon Pairty Pause Gaes On... 63
   Pin Back Yer Lugs, Ma Young Yins Say... 67
   Auld Yin... 68
Canto Mair: Birth o a Tot... 69
Canto Scientific: Scotland is Still a Hetbed... 72
Canto Yin New Wrunkly Sterts Oot... 76
Canto A Bottle o Ginger... 77
Canto Thinkin... 81
Canto Ye're on Yer Ownio... 82
Canto Hame and Aw at Sea... 88
Canto: Yese Tweet, Dae Yese No?... 92
Canto Ae Sang... 95
   The Auld Yin Advises the Young Yin... 95
   The Young Yin Talks Back tae the Auld Yin... 98
Canto Dedicatit tae Follaein... 101
Canto Erk! Ma Saunnies... 110
   A Diversionary Tale... 110
   The Auld Yin Haes Anither Crack... 115
Canto Gettin Aulder and Caulder... 116
   Patent Observation... 117
Canto The Auld Yin's Bairnheid... 118
   The Ballad o the Auld East End... 120

Canto Bad is the Dream 125
Canto Ye Care: Deith is a Richt Blether 127
Canto: Scoot, Get Doon, Aliens are Aboot 131
Canto Reality Kitchen. 132
   Arrangement 134
Canto Hame is the Gift 135
Canto Brides Are Aff the Menu 136
Canto Mair Stragglers. 137
Canto This Hoose Believes Thon Covid Disna Care Nane 138
Canto Keenin in a Broch 141
Canto Valedictory 145

A Wird tae the Fore

This beukie cried *Yer Ain* taks ye furth o yersel tae praisent times and feckfu days, pitten doon in the Scots leid maiters great and smaw, auld, young, hurtin and hertenin in thon range o experience frae birth tae beyond.

I bein makker o pairts talk tae the warld ane time, adressin the limitless sky on ma ain or mebbe, it micht be a wee stane shaped like a thocht o glory. Gaun'ae tell us if ye will whit micht be the shape o a thocht, ma freends? You bein perceptive and aw, ken. Ye see, oor places in this laund laid oot across the spinnin baw o earth, aye mynds ye o the heich and the lowly, and sometime the less than braw (*no* meanin yer maw). Sae thare afore me ye lie, in pageant fancy as a wuiven cairpet o a glen, reflectit in the lochans and ither slivers o heiven, scaitered atween the upraised knees o hills or held in a laverock's glance on a time.

So thare ye are, richt thare. I see the roondness and mystery o ma luve, willin as missie's glory hersel. She is sae fair o face thon yin, hair ridin on the sunset like strands o clood abuin the west. Still dreams. That's aw. Thare ye are again, ma quean, whan I am walkin doon deep glens, een green and fleckit wi gowd, like trees dippit in the colour o passion, dappelt wi clood-cast shaidaes braw, aw gowden green like kings and queens forby. Sae fair ye war tae lose like thon.

Ma luve, douce and fair o hert, warm as sunshine clear and deep as a thochtfu winter blaw, snell but clean and shairp.

Than thare is her scent noo. That's sublimed in ane athenor, hidden by the Brattach Sith in a faintly discerned hollow. It's likely in ane o thae smaw glens up anent Glenelg near a broch I ken. Thare is also a door in a hill ye daurna enter but I hiv. It's haurd by whaur Summerled the Michty hid his black galleys, his dragon ships fu o Scots that focht thae Rathsmen until the deith, but I'll no tell whaur they Fair Folk keep their still still. Whaur the magic draft that turns intae a cursed creautor, a reiver o mages, slave tae the Muse ye ken. Niver tell. Niver, no me.

It's a scent tae, scent distilled tae be pit, by the little fowk, in bottles blawn in liquid gless blawn wi winter reeds and made o dreams' dust. It's jist herbs o the shadowy bank, ye see, a touch o the sea, a pinch o hertbrak frae a brave and faithful loon. The freshness o new blossoms is in it tae, the delicate delite o warm pastures heich on the hills, whaur the air breithes fresh and clean as aw the luve we wance coud gie each ither, and yet eneuch still remains tae be fund ye ken for us and ithers tae.

It glows in the daurk like oor herts or verra banes o the earth, like the luve I hae for ye mistress and tae kiss the strands o yer clean gleam o hair. That's whit maks ye whit ye are tae me ma luve, ma life, ma laund.

Ye're aye renewed wi every spring, flouers bedeck yer hair and ling comes tae yer croon, whan ye beckon and entice, enfauldin ma desire wi saftly laid inducements.

Temptations that ye dinna ken. Yet we'll hae mair'n bairns that staund abuin us aw, thare in foriverness fillin ma hert foriver wi the luve o ye, ma dear dear laund aboot me....and the folk that live thare, *Yer Ain*.

This is aw aboot the lek o life, and yer wager is yersel o course. Auld Yins turn aroond and find they are follaein thaimsels; the Young Yins soon tae be, frae Fletcher o Saltoun and tartan on the muin, frae sexy erses tae saunnies. Aw oor lives in ma mither-gab tae see ane o the sorriest sichts iver seen—nae rats tae chase across the green and up the close whaur ye will find... but than, leuk intae *Yer Ain* herein and ye will find whit thare is on the tap laundin up the wally close. Thare's naethin thare ony mair nae mair I hear ye say, but ye're wrang ma freends. Whit waits for us is always thare, and it's no yer maw wi a piece and jeely and a lovin skelp. *On ye go...* I'll haud yer jaiket for a whilie.

Edward F. H. Chisnall
Hogmanay 2020

Forward!

Yer Ain, who are they... *Your Own*? They are the people of many lands who have made this, our Own Scotland, theirs also. *Yer Ain* is a tale of change in times of rapid, unprecedented alteration in everything from accepted ideas about race and culture, drink, fashion where anything goes from Lenin's hat with a faux feather to leather mini weskits for stamp collectors, or dental advice for paratroopers with a killer bite or the lethal ejaculation of over-sexed beavers working in tandem. This is the Age of Social Media, of a reality that claims to be "virtual", of Government by diktat and dictatorial tweet.

We have also been catapulted into the alternate universe of the Hell of a killer virus that has emerged to strike back at all the world, like the earth fighting back for the rape of forests and oceans, the profligate abuse of this mighty but delicately balanced world.

Covid-19, a terrible variant of a viral disease that has motivated scientists in every land to race for results in an orgy of micro-miniscule testing and vaccination, that finally resulted in success, a cure, but only after many millions had succumbed to the invisible death meted out by the pandemic.

Cities became ghost towns and masks were prescribed to protect us from each other breathing, and the discovery that the various parts of the British Isles have an identity of their own, the two nations of Scotland and England, the Principality of Wales and the dominion of Northern Ireland.

This book is about the mores of us all, a social revolution driven by children, loan words, traditions and urban myths all joining hands in cities and communities. Scotland, one of the oldest nations in Europe, trading with the Baltic and India a thousand years ago, exploring, inventing with a frenetic genius remarkable for a small nation. Scots genius started the mechanical industrial revolution, Watt, his chemist pal Black, James Clark Maxwell, Higgs and his natty wee boson, philosophy, a good laugh when your poke of chips bursts *aw ower yer hoodie* because of the curry sauce.

Change. Changes, experienced, remembered in the ancient cycle of the old attempting to warn the young, how things are learned and forgotten, myths and legends that form a National spirit - bruised, battered, cheated, still around and re-born in a new Scottish Renaissance.

Friends, defaulters, distillers and malters, drysalters alike, Scots Lallans is not slang, argot, improper English. It is another form of English, a Middle English in rapid evolution. It is called Scots or Lallans. As well as having the beautiful tongue of the Gaelic, we are *hame* to immigrants welcomed to our land with words in Urdu, Yiddish, Irish and Welsh, French, German, Polish. We are a land of many faiths, many nations, working together for health and happiness.

Scotland, where a wee Asian boy will shout *"Gaun'ae gie's ma baw back, mister?"* They are all *oor ain*, these folk, young, old, men, women, gay, straight, trans, all a mixture in an ever-growing, evolving *Nation o Pairts, oor Scotland, the true laund o Yer Ain*.

Edward F. H. Chisnall
Hogmanay 2020

Yer Ain

Canto Couplet tae Stert Ye Aff

Whit dae they dae and whit can they say?
Ask yersel, no me. No ony ither either. Jist you.

Barely livin only jist, nae mair than that ken,
Clingin on and brakkin fingernails and aw
That wis in the real hunger than.
Aw ye weemen, boys, and men
Ye kin stairve in the daurk as well as the day
Thae faulds o licht that mak shaidaes,
Pray they're makkin wee ledges and bits protrudin
For shelter, hameless as the cauld
Yin nicht by the Graves o the Clans at Culloden.

In the faur faint licht cloods o stars beyond nummer
Cross like a bridge tae God or the Magellanics,
Orbitin Man's mechanics o spaces frae Charles's Wain
Or auld Aldeberan or Achernar mebbe again
Venus, Mars—and wistful fields abuin the laund
Whaur ye can dream o a lost langin for her haund,
So aff we gang for thare and here again
The colours o regret aside, it's only life ye ken.

CANTO COUPLET TAE STERT YE AFF

Fair trauchelt ye'll see thaim comin doon the wey
Frae the ben, that we wance climbed in a day
Back for anither shot again at life itsel.

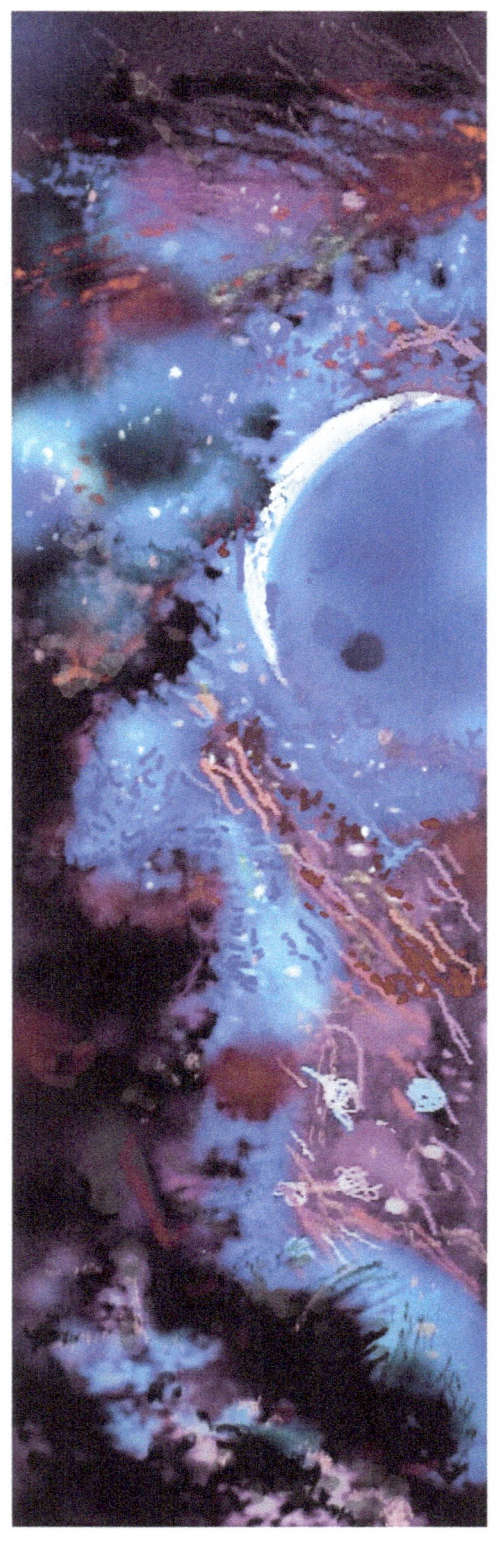

CANTO COUPLET TAE STERT YE AFF

Back frae the fauldit corners o the spaces
Wept by dyin Gods, we war campt in Black Hooses
In eternity, crofts and brochs and tunnels unner caves.
We fund at last a last bridge yet hale, a rainbow wan
Cried Bifröst in the neist laund in, ower aw lochans
Burns and tarns whaur sweet clear watters rise
Tae weirs, and charms and rills
A fleetin glamour that will bless yer ills
A spell that taks awa the cup aye spillin or niver fillin
And pit yer ain in place tae dae yersel
A cup meant for ye tae drain tae the lees,
Tap up or cast aboot, gie awa or poor awa
As ye please, even an accidental gift
Kin be a blessin if ye're quick.

CANTO COUPLET TAE STERT YE AFF

And frae days that fa like shaidaes in the wind
Aulder than time's roond face, its clock clepsydra-like
Watterin aw that grows unner its reign
Alder, Thyme, Verbena and the Willae numm
The Caledonian Fir, the purple ling and hallaed umbels
On the cadmium bruim sae brash sae bricht
It's yellaer than the sun o mornin and its licht;
Wi roots mirrors o the branches abuin
Strainin doon tae embrace stanes that hae tummelt tae earth.
Oor guid rid earth that built yer hills whan aw the warld
Wis young and comets ruled the sky and muins arose anew.
But niver fear, they crasht,
Not unobserved in skies abuin,
By ghaists and bogles takkin forms doon by.

So wis the spirit o oor memory held strang and hale
In caverns filled wi crystal clay
Tremendous in dimension tetrahedrons play
Millennia slow the geological wey,
Tae cosset spirit's wishes bottelt up in veins o gowd
Strang seams o noble thocht like swirlin elements or gas
In their ain form as
Mercury displays its liquid metal bluid that slips sae fast
Quicksiller and mercurial tae the last.
And so oor warld took form
And mornin wis creautit
Which defines the past.

Sae haund in haund, carryin some and liftin ithers
Doon and oot the gate o endless years whaur myndin withers
Tae be reborn oan titanic peaks, they focht for pastures,
The people, oor people wi their ain thochts enrichin sang and bluid.

They're waitin for us noo, still. They're hoistin up yon oriflamme again
And lines o faimilies, caw chaim clans or wirkers, or jist fowk,
They're waitin noo the people, that's their shout oot.
So the hale team o us will wander doon, reserves and aw
Bemused, some dug-up, recawed frae lingerin rot o doom.
For whit is deith but memory inscribed upon
Foriverness whaur ye micht linger in the corridors o oors.
It's naethin mair
Than resurrection o times gane past.
As in yer granda's cousin's case, lost at sea
In the lang-forgotten Battle o the Falklands in 1914;
Or her that lived and died in the catacombs aneath
Auld Reekie, whan architects abuin decreed frae Leith
Entablatures for aw wi gowd, a New Toun
Mony mony things remade
Between oor transports o delite and General Wade.

CANTO COUPLET TAE STERT YE AFF

Wi mortar made o howp that micht or main, canna forbid or stop
Ye're richt tae bide, sleepin across a rope
And that's a thing, a saxpenny thing.
Ye're here and that they canna thole
Takkin auld freedoms back again wi soul.
Aye ye'll be free, the weemen and the men
It's different noo, awake. Ye'll find that than
Aw thin feels different jist like bein hale again,
And so ye will be
.
If ye leuk on heich
The new fowk are the auld
They're no deid, jist past, than renewed
Or gane afore ye, back again tae say
Ye'v gat yer granda's een, yer mammy's nose
Genetics haes ye by the DNA fallopian three month scan
Tho ye can niver see a heid, naebody can.
So here they come again, boys and girls
Airmies o weans comin back tae us...
Yer distant brithers in the bluid,
The hale jing bang that cam doon afore the fluid
Here they come I'm tellin ye
Lift up yer heid and see
Aw thaim, him and her, and you and me, tae.
Fruit o Jesse's branchin programme
Yon muckle tree wi generations as the fruit
It's aw been duin for ye, so dinna fret, jist leuk.
Leukin is also a deed o worth that wirks.

Yer maw's maw, the ancient body o the laws decreed
That people on their ain mak a nation again,
That and the laund they'll need.

That's for the gamut o the gallus or the gemm, employed, idle
The weans and young yins, the hale spectrum o distresst kin
That ken the gloom o legends but we'll mak better stories,
Lilies giltit wi the morn's sweet glories
Even pale wans, renewed at least as if they war pentit
By the sky, scaitered shaidaes passin by
Endin their luvely laund's lang loss and theft o hert
Preferrin rather tales o greatness, for their pairt
And here ye aye build bridges tae the neist day, and the neist
Whan ye declare as dross and gane auld declarations that hae lost their name,
So ye write new wans and protect yer ain as best ye mey.

The Weans Saw Unseen and Inveesible Fowk

Across the watter they see us aw here in Alba
As livin in the The "Laund o Phantoms".
They think oor hame grown wraiths are like tae livin fowk
And yet can cross a road and spookily doff hat or cap
Or buy a tottie scone, a guid paper, mak yer tea
Across the oceans that is whit they see
Ower here but here we are for aw that, real as you
Tellin ye the Scottish wey and that means
Truth even in lucid dreams ,
While we at hame can luve and fecht richt fine,
On ony nicht shuirly, and ony kindred ghaist or star spirit walks oot
    tae shine
Doon on ye, a faimily shade abuin.

But than again, if this is tae be the laund o phantoms
In the Scots leid ye wad say, as we're telt forby
Bogles, kelpies, ghaists o chickens in the haw,
Sheep comin in the door
Wraiths in ragged legions oot the corner o yer ee,
Demons and Deils cam tae haud yer soul in their haunds tae ransom.
That day when fear arose frae hunger and a war
Aw the weans telt each ither in the schuil
If ye shoud sign yer name in bluid ya fuil
Ye'll hae a contract wi Auld Nick
And He will rule.

Yon Craig wi hair on end
In Class 2B doon at the end
He says they buy ye foriver, they niver lend
And kin live alive for aw eternity by the wey,
Hidin in the back o yer heid.
So dinna let Him tak a haud o yer haund
Tae mak yer merk, onythin daes
It's yin auld Deil's document efter aw
Like collective unconscious, ken, if ye can
Or wis that responsibility ma man?
As Karl Jung hissel micht hae said
It wisna me.

Jung guessed it, if ye appent up the box
As aw oor weans will hiv duin for thaimsels
Whan afore telly, likely jist for fun
Comic books frae Stateside, ballast in the holds
O ships wi the likes o food
Nor frivolous stuff like wealth for us or gowd.
O whit a caunle lit tae glaur and glimmer
Burnt bricht whan horror comics
Ignited nakit fear in oor weans wee breests
Thon simmer wi the shaidaes growin cauld.

Aw the east end o wan great city auld
Saw vast and hauf forgotten kingdoms o the deid
Rise tae pauchle guid Sunday best rooms
O quietude and fancy paper doilies on the flair
Blawn doon whan doors war slammed,
And the mirror in the ha shawed snottie weans
Tummle thegither like knottit straw
Blawin thaimsels doorstairs tae scout like birlin sycamore
Amang the graves o lang lost Cooncilors or tikes
Aw gane thegither tae somewhaur naebody likes.

And so it cam aboot Necropoli lang silent
Invaded by thae thoosands chirpin awa in wee short breeks,
Short skirts and aw wi knees as nakit as pale bum cheeks,
And faces wan and white as the neist and than neist wan
That niver washed the day nor than last week at aw
Except yer neck, for that wis capturt by yer maw.

The Green Mad Ghoul

The cry went up "The Green Mad Ghoul is loose
And if we dinna get him
He'll be up yer hoose
And eat yer maw mebbe
And hide aneath yer box bed in aw that oose,
And the airmy blankets that yer da hauf-inched
Held hostage
In the wee ha cubbart wi aw that coal briquettes
And crumpelt up a pair o bloomers
For tae polish flairs and mair."

Scrivened wi fear in ruifless halls gey drear,
Lang ruined under skies baith bricht and clear
Teemin wi wraiths, paper pokes, and packets o thaim bogles
Ectoplasmic and spasmodic ben yer hoose
Keenins hauf-heard, spiritual vibrations, shoogles
In the bone-joints o skeletal unreconstructit
Dreams, insubstantial as smoke yet still drear.
Some o the weans war like that tae
Infants formed in the earth's clay caverns
Inheritors o Heiland gifts
That ithers hae cawed the Second Sicht.
As yin banshee caws tae its spectral curse o a luver,
In the bogle licht o a burnin bower o reeds
The haund o glory fingers' caunles gie
Flickers tae guide the shaidae brats
In the tomb turned tunnels o the brattach sith
Aneath, as indicatit by yon extremely helpfu
Chatty, even loquacious black cat ye'v heard aboot
That follaes me aroond.
(Turns gray at nicht like aw the rest)

And rest tae ma dear freend cawed Gray, the best.

Thare wis wan day I mync, whan airmies o the wee,
Frae every hoose sallied oot tae see
Wi a fear engendered by comics, papers, nane pixels yit,
And aw thae young yins bare leather helmets
Gas mask cases and tackity bits cam tae trawl
The bejeezus auld city cemeteries, tae root oot
Monsters writhin doon thare whaur
The faith o fear hid telt thaim, issue twenty nine,
Ye kin get tae see the manky monster aw slime, gunge, bowf, and that.
Nor coud ye shoot yon bachly bagwash humphy bogle
Save wi a siller bullet. Wad ye credit that?
And that's yon Green Mad Ghoul and aw!

They really felt belief in their cauld wee bodies
As strong as Faith in God, that thare war indeed hokey spooks
Lurkin in ither rooms beside yer maw's kitchenette,
Ither people ither rooms
Livin in yer Granda's stale auld beuks aff beuk barrasi
Or just beyond the chipt rainbow mirror's edge
O the broken gless universe that mocks ye, in reverse.

Sae in the deid o nicht wi nedder wird
Nor swuird nae licht
Perhaps, jist mebbe in anither haw o dreams
Anent this wan, or mebbe wan that
Jist seems mair fortunate, seems brichter;
And the memorial glaur on
Oor frostit ower leavins and remains
That fell aff'n aw yesterday's tables
Myndin us o banquets gane cauld and indigestible
But we need nae leavins noo
Naa. We'll no leave oor ain again and that's eneuch
We'll niver leave ye abandoned tae the past,
Niver you nor me that are in truth oor truly ain.

And I refer dear lieges
O the bleedin diaspora o Alba's
Millions, aye not a soul less
In a multiverse o chances at the end o yer bit,
Whaur we war niver pained or enslaved
In histories niver written,
Or o crofts niver smitten
Wi voluble flames, so yowes
Mey safely graze and groose on wings o fear
Rise wi beaters frae the big hoose,
That drive thae livin crops tae culls o life itsel
Aw birds and men and weans
Whether they will or no, tae Hell or Nova Scotia's strand.

The Weel-Uised Count and Ill-Uised Countess

And Seaforth queans wi nae seers tae burn that day
Like thon owerfrockt black affrontit, nay, offendit lady
Gane hissin mad like a cat bylt in a kettle,
That her man the erstwhile Count o This and That certainly wis,
And haed takken a wumman in Paris that gied himsel
Pecadillos intimate in the carnival chaos o her flea filled bed.

Noo this wranged Countess o That and This.
Did she no
Pit a shouder-feather o her ain on the scales o Fate
And offered up her thee tae Him, yer mage,
Yer seer, Kenneth the Sallow frae Baile-na-Cille

He wis a discernin enchanter, no daft at aw
And coudna thole her sweity bowf
Hur crumpelt mou
And scabby neb.
Mynd noo, this Kenneth wis yet cursed wi the Twa Sichts
And wis nane ither than the Brahan Seer hissel
O fame reportit tae the hills as weel.
So, Aggie the Nob, jealous and aw kivered in burstin plouks
Countess o sorts castit him intae a bale o blazin tar,
Coinneach Odhar that wis weel kent as a mage,
Kent aw roond the back o glens and on the shore,
Principal Enchanter frae twa hunder year lang
And his soul in twa warlds at the same time and aw.
But wi blindit sicht o her man at the French wey o kissin,
Wi anger and jealousy aflame daft Fanny Anny o Sutherland
Here, did she no burn him and Him
The Brahan Seer and aw,
Or mebbe I shoud jist say "thae twa".
(That's him and Him, no her and him at aw)
The auld bitch set him alicht tae deith, the Brahan Seer
We heard aboot. She sent him back tae spirit lands afar
Tae pits and places daurk in the airn-laid
Clumps o shaidae faur aneath yer glance at this.
Himsel remained in Paris for anither chance at the French piece.

Aw Thae People

So thare we aw war, the people o Scotland
In the same Clyde-built boat
If ye're intae that kin o thing ye coud
Cry it *Das Narrenschiff* but we are no
So we will no bother tryin tae be smairt
Wi the name o the warld's first beukie
The Ship o Fools new built wi yon serpent Rerek pentit on it,
"Laid doon" as they say, in the yairds alang the great wey.

But here in the north in *this* laund, oor ain Scotland,
We will no langer stay ccuried doon ahint a hedge,
Oorsels and beasts and carvins frae the time afore this
Their lives o toil slipt past atween sleeps in a mist
That verra like tae life itsel can dissipate.

Weemen and men brakkin soil in time
Lang lost doon the black oors o the mine
And the clock ticks in darkness and ye canna tell the nummer,
That fuels the great burnins o an Earl in Hell
Or Beardmore's honkin castles at Porkheid as weel.

Wi spring greenin heich abuin their heids
While they are efter makkin their ain caverns
Aroond by their braid and heavy backs
And bringin pools o dust tae bed and taverns tae,
Wi aw that diggin o yer black baund airnstane.
I hear the fearsome Earl in his daurk weskit o auld skin
Is hingin roond aboot yer hoose agin.

We Interviewed the Deid and They Said...

We haed made oor haunds haurd, they said
Airms lang lithe limbs o airn and o rock they said
Herts o bluid diamoncs tae cut doon despair he said
Makkin us labour in the arthritis weet ken, she said
But, and mak a notie in that beukie o oors and yours and aw,
We *did* revolutionize the warld, we Alban fowk.
Scotland changed ye aw foriver
And we gat chased wi lurchers and a goat!
Oor life wis tragic.
And see the innovatiors that cam oot oor heids
Smoke billowin frae yer face
Like smoke oot yer ears
Ectoplasm oot yer erse.
It's like mair than a glamour cast on ye, magic it wis
Sympathetic that's hou it wirks
Acause we are no feart nae fear
Tae be abuin or doon ablo
Or on tap again, as it war.

And they aw said "Aye" thegither
Ma lovin deid.
James Watt says "Aye"
Black, Lister, James Clark Maxwell, they said "Aye" and aw
Hume, the Hunter Brithers, Lord Kelvin, and mair
Than thare is unpollutit starlicht reflectit in a spiral
In ae muddy dub...
They aw said "Aye" thegither, and we said "Aye" in awe and aw.
That here, ahint the waw
Thae Romans tried tae build—we built oorsels.
And shane ae licht upon oor wirk
Tae crack the giltit egg o energy.
Than Napier wi his logs and computers, Fleming, wait
Haud ma jaiket youse yins or I'll no stop.

Than thare's thinkin itsel.
Yer wee synapses gaun Hell for leather
Ye wadna think they wad, can ye credit it?
But the biggest expansive revolution o aw
In the evolution o the unborn yoke o Sun
Is hidden in that thin box o shell
We caw yer heid, yer mither o pearl, and that's
An egg o an idea tae, dearest wans o Alba.

So they cam doon, hou wad they no?
And Heilan peoples, immigrants
In their ain laund stuid guard.
They wrocht in everything they haed made.
Still do, like noo, couried unner bridges
Or in cannibal caverns unner Auld Reekie
Huddled up wally stairheid closes
Hameless and at hame.

Canto The Weans Warna Weans Ony Mair

And the watter in the jawbox whaur ye wash each fit,
Whaur yer brithers preen their paraffins like real hardmen,
Grown tae aichteen forced like a tottie in the tenement lines.
They still gang oot, girls turnin intae weemen wi nae tits at aw
On the wey doon the stair tae the dancin at the Barras
Oot tae play and aw. "That's us oot than maw," screichs wan,
Efter a chance o a lumber on the fly.
"Kin I see youse hame efter doon by?
Want a bite o ma smoked sausage or a shot o ma ginger?
I'm no a minger, by the wey."

Stagger and swing that's the thing
Pivotin on a richt good swallae o gin,
Doonin the Buckfast braw, the Tagger's Milk,
At the Sarry Heid on giro nicht.
That's whaur a lanky man prone on the pavin asks ye the oor
That's whaur anither offers fauldin gowd pince-nez
New pluckit frae the fivert brow
O a dyin toff,
That's whaur anither talks tae Morpheus wi his face
In a plate o chips and macaroni cauld as a beggar's erse,
And if ye want thare's a saxpenny hure or twa
That kin fart the tune o The White Cliffs o Dover'
Ower a bucket o cold semolina.
Wan's up the close tae hike yer breeks if yer back is sair.
It's a hostelry The Sarry Heid whaur Burns stayed but noo
Thare's a bauld and hauntit dug that plays a chanter fu o mange
In a secret tunnel under the under cellar,
The Kaiser's helmet, fishin rods for sale in the toilet
And a big daud o surrealism on yer shae.

The "Special" cans that made yer auntie Pam
(She's no yer real auntie, like) tak aff her drawers
On a twinty three tram and propel thae undies
Nicker pink as a shepherd's sunset
Ontae the plainstains at the Tron thonder,
Whaur tobacco lairds wi slaves for ballast
Battered the common weal wi giltit canes,
Until the weans scaitered, o coins they haed nane
Rinnin back tae their maw the only truly safe harbour ava.
Mebbe it wis a Monday tae like, whan thae cammy drawers
Went doon the brae wi candour cause they war yer maw's,
Wi plenty fabric left for tae mak a flag tae fleg ye if ye're free.

Childer makkin games tae play
In mimicry, o mairieds fechtin,
Da's and Maws livin beyond rehearsals
In the real life "playin hoosies" matinee
Actors and audience like barf in yer haundbag in that big bad purse
O mairit poverty in a laund o riches.
Thegither aw the live lang clang and batter
O the stourie day
That braks yer back gaein up the brae.
Weans saw hou it wis duin
Whan ye have no say
In hou yer prison's rin.

Haud on jist a second meenit tho
That special time is comin roond again
Ma sister and ma bro,
So tak the proffered haund
And tell oor jylers thanks for the lauch
And noo ye kin let us go.
Tae caw awa and staund up straucht
Acause that maks ye free
And thare's yer birthricht written in the snaw
Or the sand, or the earth or whaur the cloods lour.

Canto Saisonal: Thrawn as Winter's Gig

The Auld Yin Says

He mynds it fine.
Yon time it wis
Ye mynd ya stumer
Donkeys ago
AYE
Aye, I mynd it fine...
Wis wan o thae weeks afore the years' fag end
Whan unborn snaw faws aff
The drystane dyke o days
Evaporatit in ae haze.
And winter thraws a licht frost coloured glance
On the shaidaes, that blue shade ye see
Ultramarine that nips the back o yer larynx
On a cauld bitter lick o winter
Whan thare's nae mid-day at aw
And yer wee bit path is frozen tae a rink.
At the time ye niver see it, the moment
Acause it's noo...and here it's awa again,
And here's anither wan come alang.

I telt ye. Ye *felt* it.
Anither new meenit came alang.
So fashions changed, and climates tae,
Nae fashion tae the deith o warlds
And the weans gat telt aboot it and aw
By ither weans as the Canadian Train fell aff the rails
And the storms jyned haunds like auncient tales.

And life clickt in for aw and sundry
That aw wore nappies wanst
And the shops war shut on Sunday
Noo they're closed frae Monday and aw.
While social wirkers check oor urticaria,
Carvin the heidstane o diphtheria
Scarlet fever, reams o rinnie noses, erses tae
Makkin buttons and case notes, misspellin names aw day
Stertin a lifetime's paper trail
O toil and blame
Acause ye're inconvenient noo
Haein wauken up and fund here,
You are you.

We the People o the Midden Caw Oot tae Ye

And the warm breeze whan they dump the slag
At the furnace warks suspires
It haes a voice a great flat sich blawin
On yer cheek in the nicht, the wind cawin
Like the last breith on the field o Flodden
On the day the King Hissel lay doon at last.

Sae verra haurd, clay, grapeshot,
Nae good for grazin noo, for the ruminants we hid.
Like an abandoned stage, haurd, forgotten
Faur aff, lang lang syne and rotten ash saggin
Wi actors muivements aw merkit oot in cauk feet draggin
Wi bluid, and aw thae fleein soul's distressin screichs
Seekin foriver for a lost saft tress.
It's haurd, tae leuk foriver and niver
Back doon whaur the reeds thin oot like claws
Makkin eddies roond a scrap o silk drawers
Fadin noo and sodden,
Floatin, faint and haurd tae bear,
Haurd as the field o dyin sicht at Flodden.

Camlachie Burn Places

Winter drips and blaws wi crackt crisp icy chills
That freeze yer heid and chaps yer baws,
Yet in and oot the fadin schemes, hooses that cost
Near twa hunder smackaroonies afore the war
Decay advances wi remorseless fleg.

On the green gress hamewart shaidaes lie
Defined by waws o privet needin clipped
And shaidaes walkin by
Lang in the shade, stern wi silence tae,
A wee star lichts its lamp in yon gray cushat's ee
Tae croodle low alane
And only she can see whit passes by, nane ither.

The hushed procession o heraldic things
Like gryphons wi their arbalests
And Kings and Queens, sae small
Wi aw their minute clans in greatest fealty bund
In the still, enclosed, forgotten quiet places
Wi nane entrances or exits,
Jist for craiturs that kin fly
And mebbe yin or twa o the three Graces.

Here's whaur the ling and rid campion cam tae die
And last spring's seed swiftly spent saftly
Alane, by the luvely gravel bank, wattered
Frae mountains whaur white Camlachie Watter rises,
A burn that brooks nae opposition and nae crises
Nae salmon ladders
Till weir o the waw, comes yer *real* weir and aw
And aw that Ponce de Leon's micht and main,
In seekin the funtain o youth he micht a craved a drappie
Cause Camlachie Watter grants eternal life tae a chappie
Be he knicht or no they say,
Than tummles doon a stank
Addin a bittie damp, disturbin a wee sod's muddy dub
Tae spill ae solitary tear wept at last upon the earth,
Tae watter grief but no enew tae germinate nane mair.

Canto Manque: Places Ye'll Aye Leuk For

In the backgairden sheds that lean
Aw aff the true and oot o sicht
Frae douce avenues that lead tae naethin
But a braid flat field o gray,
Smaw craiturs courie doon as still as deith
In the damp daurk widden rot o winter's breith.
Slow spinnin pupae dream o metamorphic dust
And deid seeds stert tae resurrect a bit
As aw seeds
Must.
Muived by God's spiral fractal clockwark,
Broken crystal spheres, muins hingin aff on Holy string
Like Ptolemy's vest and drawers,
Naethin sae repairable or ordinary as mere
Human lust or depredations o the days,
Dryin aw natural processes o yer face's moods
Turnin the texture o yer smile tae parchment sere.
No onythin that's reperable, or ordinary, or mere.

Nazarene Time

Wis in that efter Lugnasad hungower time
Whan pairtied haurd and pairtied oot
Aw heids hing doon exowstit wi the sauce,
And weans, conceived in Hogmanay o course,
And Blitzen champs the harness on yer ruif
Dislodgin tiles wi each fine polisht huif,
And blitzt beside the kitchen grate
Aw celebrants appeal tae Fate
Myndin as weel aw Gods o Yuil and Faith
Lang syne,
Oh few that dinna cross their wires
So verra few, a paucity nae less.

For Saturnalia's the rule in Google-laund
Whan aw yer servand beasts
Mey justly gain the upper haund
Jist for a muin tae muin time...
Try tae unnerstaund.

But matters like yer burstin heids, as lawyers say
"Housomiver"
Poultices and spew and delicate haundlin,
Peyback and promises for aw yon grandstaundin.
But, neither up nor doon
Aw aye return tae that wee scrap o bairn
We aw ken fine,
Michty is he yit canna even walk,
Wunnerous his wirds that haesna learnt tae talk,
Pouerfu as only innocence can be,
O aw the senses, sicht, yit he wis born tae see
Thare in the manger wi us beasts and men
As eagerly awaitit by us aw
As he wis, and still is ..
Noo
And than...

Yon Pairty Pause Gaes On

So, celebratit oot,
Auld Yin sits his baffies wide
The paper, appent at the crosswird niver tried
An auld film on the box o seawart the ships
Uncountable boots sparkin the cobble sets
Even the widden waus.
Wirkers.

That waldit in the bellies o the bylers o the day.
Than some gat their jobs back.
Seen that afore.
They aye cry oot for welders
Whan thare's gaun'ae be a war.

Pin Back Yer Lugs, Ma Young Yins Say

"Auld Yin, the faimily's aw gane oot in howps o nookie
It's jist us, you leukin like yersel,
Face trippin ye at no goin oot likely,
Torn-faced as a factory girl wi a lost pey packet,
Stuck in ben the hoose for cause o this and aw."

Auld Yin

"Here, wi that 'wance wis' wee Young Yins,"
His scrawny erse and broken leg trapped fast
By a stookie earned while plaistert, plaistert
On at A and E efter a fa
The holiday Friday that's jist past.
So, freends and luvers,
Or mebbe I'm daft and it's jist me
Dinna sniff and snicker like a cynic
Jist cause ye're a gallus pair and gat seen tae
In the Smaw Injuries Clinic."
The sister's no that fusst
That her and her twin gat crockt than crackt
She draws a biro tat on wan roch glute
A picter o the muin's face and the sun at play.

Canto Mair: Birth o a Tot

Parturition, up the stick.
A tattooed liege, Jimmy the Quick
But no sae quick eneuch
And yon wee "hairy", Gallus Alice...
Opportunity, that's aw it wis.
So dinna ask which wan wis on tap
It wis thaim duin it thegither
No me.
It only taks twa tae mak a maw.
Usually.

Wi God in the ascendant, Aries wild and gemm as a skelly scarab
And the Rosette in Monoceros retrograde the morn's morn at nicht
And the Major Arcana Nummer Ten. O happy sicht,
Wi aw degrees laid oot in ecliptic constellations,
A birth chairt drawn, cast, fast tied tae the mast o aw creaution.

Contractions came dilations tae
Sae leave aff wirritin aboot oor climate's dearth,
Within the boonds o earthly birth
Her watters burst for aw they're worth.
A tiny scrap o wean cam birlin oot
Aw ready for a talent scout.
Naw wait, haud fast, it's no jist wan but twa, the smaller last
Yin for a bunnet baund yin for a baw,
Twins, the delite o the fit fou o rancour raw,
Identical, gowden as salivatin angels, a wee bit smelly,
Twin bairnies, yelpin, no singin like linties
Pappit oot frae atween the gynandrous thees
O their lipstickt and lactatin mammy, Ginty.

Oh they coo and clamber roond the cots
The aunties o the laund that I've heard said
Will pit a coin ahint ae ear for luck
And stroke a caul
As thare's a blessin frae a fuck,
Retroactively, ye ken
But only for thae wans that kiss and cluck.

Aw thin haes a day on which it's born.
A launchin at the tail o the bank
The drag-chain umbilicus clatterclanks
Pittin a rein for aw that on a departure dank
Viewed frae the fermer's field
Across the river,
Washes the watchers till they maun chiver,
Sideweys she slides a breach-birth than
For a michty Dreadnaucht hunter killer
That will send yer wean tae the bottom Missies
Soon as the watter's chillier still.

Canto Scientific: Scotland is Still a Hetbed

Let's raise a silent gless than tae
That first miniscule micron o a second awthin cam tae be,
Jist a second meenit efter thon Big Bang burst
Till than or now or houiver lang it's been
That seems tae matter sae verra much tae the calculatin Scene
But I guess it's like a limpin loon
Needs a crutch tae hirple up and doon.

And aw yer philosophy fills yer heid
Like an egg needs a yoke and a belly the breid,
The cosmos is like a bluid red bylin tumult in an egg
O energy in ferment in Chronos' wish for a womb,
So it's aw wan if He comes late or soon the wee hermaphrodite
Wi a Judas quantum kiss o now and yet mey come tae be
For Tiny Tim or you and me,
Tae thraw some licht upon a path that few o us daur tae see.

I mean the wey that leads ahint the Gate, or the Styx River
Or Charon's wee haund driven Clutha or whitiver,
Him that demands twa maiks aff yer een, a bawbee and
A jeely jaur or three
Tae cross ower intae the Laund o Knawnot.

Mynd and gie's a wave
Frae yon place ye'll mebbe hate, yet ithers crave.
Uisin wirds like "algorithms" and declarin
(oor puir wee bairns, so they are)
Shoud by genetic clonin sticky stuff, be richt skelly.
Unless ye luve thaim sair and get wee treats frae oot the deli.

But skelly, naw, bowin aye, a wee bit naturally
But for a novice his da's pinned the nappy quite cleverly.
Naa... naw he haesna.
Yit, he wis formed a perfect loon
As they say in Aiberdeen and Scone
And we shoud gie him aw the credit
Even tho Scots scientists
Are efter resairchin and mebbe tryin
A wee genetic edit
On the fly, like
Turnin a sleepy sheep
Cried Molly or Dolly
Intae a double helix o rebirth like holly.
Nature or nurture, a birth cry and an oath
As strong and ivergreen today as is the Declaration o Arbroath.

Canto Yin New Wrunkly Sterts Oot

Puppet on a single string
Red as he grat and girned and minged
This tiny wrunkelt scrap o thing
Wi lungs like drums, placed in a plastic cot
Wee Thomas Ruary son o Ginty, the warld's newest Scot.

Youngest young yin yon wan is
Destined tae stake a mark forby,
Like as not or mebbe jist "aye",
But oor planet's but a hert-shaped plot
Held in a glowin follae-spot
On pentit cumuli jist rollin by
Wi let's pretend continents and storms, or hairsts
Or nicht-walkers,
Yer mynd's a green screen and sic lucid dreams ye canna denee.
I dreamt a scar wis gien me yet I didna even cry.
Tak pain. Thare's anither thing ye learn at schuil on yer ain forby.

Canto A Bottle o Ginger

We ken weel that life can change quite drastic,
Like in the auld time
Whan ye passpartout'd yer ain walkin photaes
Takken on holibags in Rothesay
Stuck wi mastic
Tae a wee bit o fracturt marbelt bakelite plastic
Than and in thae days
A hideous new material that wis a bittie friable
And no verra elastic.

Sheer nylons war rationed and bairns
Went tae the picters, a dirty-kneed clientele
Tae view non-pc cowsers in that Tom Mix Laund they kent sae weel
In Academy format, the monochrome hurehoose in Dodge
The cowpoke's spurs spiked and spinnin
Ower the neck o the First Peoples,
Cryin oot tae Manitou on every reel.
Black and white rid Indians, Felix the cat, a silent hullabaloo
Entry peyed for by ginger bottles ye see
For that paean o praise tae Oor Lady o Woundit Knee.

Ye peyed wi jeely jaurs, sugarallie watter,
Chucky bools, some o thaim
Tenzers or mair, haurd and fired tae biscuit
And widden thrupenny bits oot yer cut doon troosers,
Patcht gamblers debonair,
Ascribin value tae thir dirty bittie cheenae on the flair.
Or skirts, or whitiver clung tae yer weel carbolickt loins, yer body
And yer bittie mattit hair ye shawed me wance.

Hame. Up thare.
Single ends wi black leided grates
Big as the gates o Gehenna,
Curtains saggin on a wire
Whaur the box bed jynes the bangin pipes descendin
Broken bannisters niver-endin
Tae the wally close faur doon ablo,
Entry tae whit we aw cawed "hooses" or waur
Doors niver lockit, at the time I mynd
Faither stoatin aff the waw, if he haedna won the penalty, o course.

Canto Thinkin

If and whan the mynd, the synaptic mealy pudden o yer brain
Jynes up wi the pooer o the rid ventricles that fill wi pain
At the hert o the maze, left or richt, or stilled.
Whan luve dies, they twa wad mak a michty bond
And colour aw thae the-morras tae come
Like a painter, fou brush in haund
Did they but wirk thegither,
The hert, the mynd, but they'll niver.

Canto Ye're on Yer Ownio

But than thare's thaim alane
Single parents wi a flat in the scheme
Pit oot the hoose across the park
Whaur yer auld faither bides still and granny
Microwaves lasagne pies,
And an airn rain tumbles frae the het watter byler
Mair condensation, as the bison built slabs tower
And ye slip on a frozen dug pee,
But yer wean's push chair
Purchased wi cigarette coupons saves a dozen free range eggs
Frae a haurd intercourse wi a concrete bollard,
Statement o pedestrianization
By the nation
Or on the ither haund predestination
Which means depressinly
Everything is pre-ordained accordin tae a chield cawed Huldrych
    Zwingli.
No a lot o lauchs, him! Ye'll no find much o the weet passion thare.
I speak o the excitement that drains awa,
Jist mair o life's lang dregs like air in yer pipes
Bangin and bangs again
Trapped in the inside o the ootside.
Ye're chilled tae the banes on the road back
Frae appenin an account at the food bank,
In a laund that floats on a sea o ile and gas.
A supplement wis levied on yer room
So watch ye dinna hiv too much space in the tomb.

And thare she sits, her new wee loon and lassie happy
At her tits as aw are whan as weans
They find the funtain o eternal juice
Whan, hauf awake she haes her hauf a snooze.
They glesses ready readers
Frae the Charity Shop,
Firmly stuck ahint her ears and throu her
Curly mop, nor nae booze this week.
They auld spectacles
Reflectin unrest aff the telly,
Drones and laser-guidit orbital fire
Contortit in the ruins o an alien ire,
Het, deidly, deithly dampt as trauma
That comes unexpectit in the nicht directit by a boy wi a diploma.

It's aw seems real as games rippit aff entire,
Made in Dundee as like as not,
O strange hauf-human heroes
That kin niver hurt nor tire,
Virtual as mebbe no thare at aw,
Selt by pirates vendin doon the Barras
That can feel the approachin polis in their marraes,
So aff their mark they're prone tae be shiftit
Lest Glasgow's finest doch come alang,
And they get their wee erses liftit.
O whit an inconvenience tae be sae trachelt
At gettin grassed up by a close pal, than heukelt.

But aw that fascinatin warld o commerce waits
The edumification o aw they tiny Tams and Teenas
Headin squarely for life's roundelay,
And the adventures thare on offer,
It's real broken herts and aw the Diel mey offer.

Y'know, it's not an act at aw
It's haurd, solid, virtually real I said
Which means it's sometimes jist like ye feel
And that keeps reality
On an even keel, we tell oorsels
In the laund o Higgs' natty wee boson
Or oor ain traditional haund-wuiven creels.

And thare he goes Mr Riddle o the Sphynx
Skites on his bum, than on fowers alang the grun
Than stridin oot tall, twa legs and that,
And lastly wi three, but wan's a stick, ye twat.

For whan a Scotsman or wumman drinks or luves or langs
And ladies made o strange and gentle strenth
Pass by wi scent tae catch yer ee
They are yer brithers, or yer sisters, mister
For aye and iver roves the Scottish hert
Devisin realms o insicht for a stert,
Or seekin lads or lassies pert,
But always, always bein rather smairt.

Canto Hame and Aw at Sea

But back again, or forrit
If ye're aff that wey today
The morra that ye wirried haurd
Aw ower yesterday,
Aw thae Autumn Collections fou o charms,
Kelpies. Sprites, wings o the wind ferms.

And in thir days o scarce resources
Sent back hame by market forces
While on the windy poonds the rain
And aw the ruiftaps glint and gleam,
Aw youth kin plan and strauchle richt?
But the youngest, newborn, een sae bricht
Whaur did their verra first dream come frae?
Gaitherin a nappy roond wee bottoms ticht
Snug in their cot on that first dairk nicht.

Alang the close and up the stair,
Not wally wi ceramic flair
But jist yer basic close, gas meter, bare
Tae the second laundin, lyin thare
A firstborn boy and girl asleep alane
In Glesca's hertlands, fortunate weans.

The daily grind o life so taxin,
The leisured ladies at their waxin,
The back courts aw developed nice
Nae rats thir days, jist sorbet ice
And naethin interferin neither
Like a wee bit graffiti on la Passionaria,
Or leavin a quiche in the bin for a midgie diver.

Auld cries o "Get in noo, yer tea's goin on,"
Hiv been replaced by jist a frisson
O the aulder weys, fr'instance
"Yer curry-flavoured Irn-Bru
And fusion black pudden's ready noo!"
Oh sic a warld o wunner waits
For thaim throu this great century's gates.

Aye, that's yon Rubicon, the river o intention
Crosst again like thon Sunday mornin
On his wey tae an inn in Pertik wi his freend
James Black, James Watt inventit the modern warld
Improvin a model powered by steam,
(Ae separate condenser, so he telt his freend)
But that happens aw the time in Alba
So it seems.

Clamberin up frae hunter gaitherer's caves
Tae Alexander Fleming's wee penicillin moold
On the crest o a tsunami o microwaves.
Jist you wait tae see whaur we ur aw taen later
In Elija's hybrid chariot gettin built in Edinburgh
Ready for warp drive in the West Bow.
Or mebbe particle accelerators tae,
Whaur cats are alive *and* deid they say,
Nice wee quanta bits or cubits thare *and* not, at aw at aw
Or like as not some ither multiverse aw thegither
Mair'n likely.
Potential is mair painfu than regret
Ye micht as weel be livin for a bet.

Canto: Yese Tweet, Dae Yese No?

Aw facile tap thae texters as the glad wird gaes oot
The weans are here tae stake their claim for promissory loot,
Precocious weans, aw toothless girns they
As their tweets fleg aff
Tae Leith and Lossie, London, Lowestoft,
But that's whaur Sassenachs live in Inglaterra,
Glesca's not. And thare you have it freends,
Tam the Bam and Tina are baith Scots,
The heirs o Calgacus or Wallace, Bruce and thaim
That cawed not crenellatit hooses "home", but hame.
Tam the Bam and Tina fit in whaur they can
And than his sister's gaun'ae brak the hert o ony man.

They grats while mobile videos stream and flicker
Quick as chip fat if not quicker,
Creasht as lichtnin flashes o creaution cracks,
Fast as they beltin dugs at legendary tracks.

Or up abuin the tropopause,
Suspendit like aw natural laws,
Clyde-built satellites in orbit keek
Doon on Tam's hameland aw the week...
Rain, hail, or sicknotes aw permittin
The just and unjust at their flittin
For aw oor problems stert tae shrinkin
Whan the Scots mynd gies thaim a richt good
Thinkin.

The genius o Watt and Hunter,
Fleming, Smith and aw thae punters,
Tae say naethin o a warld civilized
Whan Alban entrepreneurs arise,
Like Shrek and Fletcher o Saltoun,
Or bits o tartan on the muin.

Wark ethic, brains, mair wark, rare invention,
Seems tae be the Scots intention.
But jist like the greatest is the least,
A Scots hert beats in their wee poondin breests.

CANTO AE SANG: THE AULD YIN ADVISES THE YOUNG YIN

Canto Ae Sang

The Auld Yin Advises the Young Yin

I mynd it weel like yesternicht
Whan pouer cuts lit yon caunles bricht,
Illuminatin by degrees, slow at first on yer frosty neb
Impatient, couried doon by the coal grate
And mammy wi ma da in clink in Paris
That day he freed a fur coat frae a posh shop
On the Champs d' Lice, and leeberatit the hale place
Which wis nice, and so wis the mink, I think.

CANTO AE SANG: THE AULD YIN ADVISES THE YOUNG YIN

And mammy hummin "Swanee River",
Firelichtin on her knees,
Uisin the green Noon Record till it flames within,
Broonin like bracken burnt back,
Singin in the chilly shaidae-cubbart
Whaur the wireless lives,
Whaur the box bed hides whaurin
Ye felt yer cousin's conneree on the nicht
They aw war in, thare it is, ye see.
Ahint the curtain, cut aff frae the drink and greetin.
And so, oor ain wee hoose haed fire again
In the postwar peace,
So I said...

"Listen son."
"I'm no yer son."
"As good as,
So shut it, this is hou it wis..."
"*Again.*"
"Shut it, I said, ya cheeky wee...
We war aff doon the back tae kick the rats
And skite aff the midden and sherrick oor Pat
Till the sun gaes doon at the back o the sheds
Whaur they built thaim big airies that shak yer beds
Whan they're on their wey at the back o twa
Tae plaster yon Nasties at Jerry Jalaw."

But first o aw yer maw's shoutin doon
That yer chips are on, so get up here noo –
"Aye, you and that lassie that bides throu the waw...
Get aff yer mark, son, up ye come
For something fried or a toastie bun
And war nor peace, no naethin at aw
Daur mak ye late for God or yer maw."

The Young Yin Talks Back tae the Auld Yin

"Aw Granda, gie's peace aboot yon time
Ye war stoppin shrapnel
In yon war lang syne that I canna mynd
And ye coud go intae Woolworths wi wan and sax…"

"…and get a dozen chew baws
Assortit, wi mint, a comic in red and green…"

"Still no skint, than…"

"Shut it, still seiven and a farthin
The wee wan wi the robin on it…"

"Aye. Aye… eneuch tae buy two cinnamon sticks tae smoke
Awtho it aye gave ye the double dry bowk.
That wis the day we gat testit at schuil
Which wisna sae guid and it wisna that cuil,
But wi ony luck I'll pass something yit."

"Cause I want tae fly up in the air wi the planes that ye get
Or diagnose mumps in a snake like a vet
Or mebbe plum S-bends, they're aye in demand
Or keep ma jaiket on on the ither haund,
Or wirk ma wey up like ma auld paw
Wi commaund in his ee and a lantern jaw.
And I'm gaun'ae shaw ye hou I'll manage fine
Or ma name's no Tam."

"Fine," I said, "jist fine,
I'll be the boss, heid bummer, the gaffer, the white hat
The MD, Director, the suit, and the fat cat."

"Fine," we baith said, "jist fine."

Canto Dedicatit tae Follaein

See thae arbiters and public judges
Fashionistas bearin grudges,
Seekers efter instant fame
Abase theirsels tae play *the* gemm
On television, supposed tae be reality
But is jist loons and queans
Actin, like they wis the quality,
Naethin tae do wi the wirkin o the polity.
Poncin aboot like some poor hure...
But still we'v genius and aw the airts
Brim filled up by thaim o pairts.

Oor Scottish brilliance for invention
Plous every field, creauts convention.
Systematic explorations
In warlds o thocht for every nation,
Or missions birlin past the muin
In sairch o life and some alien loons.
As satisfyin as spiritual myth
In a laund o bogles, greebs and sith
Whaur praisents are still left aneath a haw-buss
Tae protect yer son, mebbe
A weapons officer in the Hindu Kush.
Aw this in the laund that builds quantum computers.
Oh Alba, citadel o contradictions,
Writin algorithms for first person shooters.

They say if ye canna measure it, it's no thare at aw
Like time fr'instance, that's real, it passes,
It made the toun and kilt yer paw,
It's lang eneuch for some and for ithers
Thare's no eneuch o it at aw.
I think so faur only time-travellers have the airt
O gettin back afore they stert.

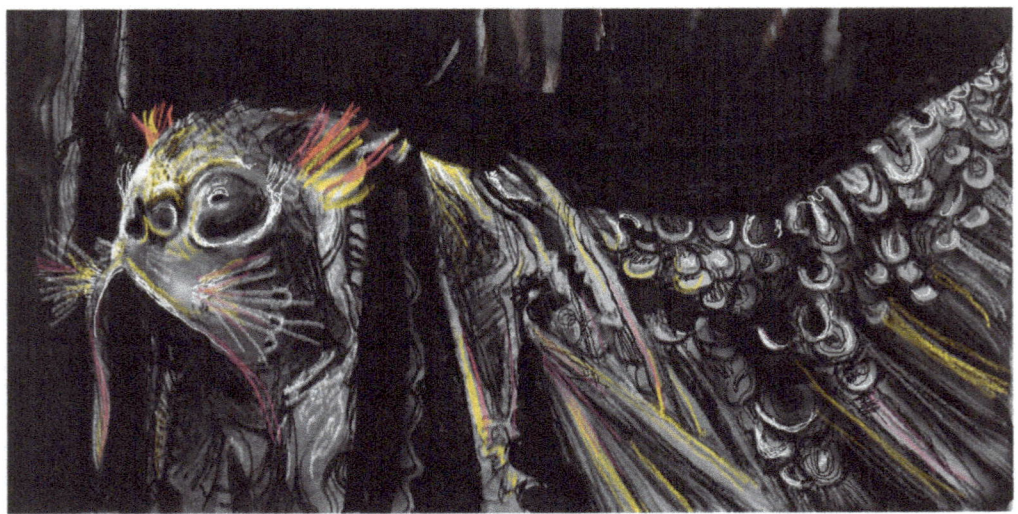

But that's yer science for ye...
Scots discoveries anew, particles that glow aw ower,
Genomes gey bonnie, lemniscate
Bitin their ain tail again,
The slichtly obsessive Ouroboros
Bitin its wee tail incessantly
Tae the endless strains o a Heavenly chorus.
Ye see it's like information stampt on yer double helix
By thinkin at it.
Ye kin change it by thocht alane
Which is still a wee bittie unusual, in the main.
It's mebbe chips embeddit in a steidy state,
Meanin not a poke o chips o Ayreshires sliced
O course, bit silicon wans, microns wide, diced
Quantum kebabs in cubits for microscopic
Surveillance drones ye canna see.
That's a State Secret, but here they rarely shoot writers o poems.
Philosophical concepts kin be fuckin haurd tae grasp
So we're jist shieldin in oor homes, and I mean hames.

Aw this is no vocalized by the wey
I am shoutin it oot but it's in ma heid,
Haurd tae dae that sum? Aye, Indeed.
Principles and pioneers, some on their jacksie
Peerin upwards in the licht pollutit nicht
At the western suburbs o the nearer galaxy bricht,
And thaim up thare leukin doon and aw
For signs o life on this wee spinnin baw.

Tak oor Capital than,
Dunedin, Edinburgh tae the pen,
Its Royal Mile extends faur aff intae the sky
Acause it's no Scottish, Celtic, Pictish, Roman, Greek
Naaaaa, nane o thaim,
But it wis aw gien tae the Faithers o their Faithers by
Imhotep. Somebody else forby drew up mair plans on the fly
Some likely plagiarist wi a badge frae the Chooky Emburgh scheme
Indentured tae an architect in the New Toun, himsel a meme.
But back tae the Royalty o Dunedin's mile
It's the fou length o the distance o a woman's smile,
It wis nane ither than star jumpin majestic architects
That laid oot Scotland's capital web
O distances tae God, a map if ye will in that certain style
The Royal Wey o Edinburgh is an Egyptian pharaonic mile,
And speculate awey for aw ye's want
It's mair exact than a meisured mornin's walk by Kant,
Tae Rosslyn if he haed the siller
Tae wunner at the Prentice Pillar.

And I have a fair idea that micht weel no be wrang -
It's wuiven intae Ane Auld sang,
And thare, again if you dae,
Ask I mean,
O the ancient wey
Thare is a faint chance oor stanes thaimsels
Coud say by caunlelicht alang the wey,
Or shaw ye the road frae Babylon
Tae Alba and the day.

Canto Erk! Ma Saunnies

A Diversionary Tale

Somebody's turfed their saunnies
Ower the owerheid wires across the wey
Frae oor hoose, ower yon gressy bit
Tae whaur the auld waw is gray
That rins ahint the barracks site
Whaur yer da gat his airmy pey.
That's whaur a Sairgent Major
Wi his mouser wauxt and curlt
Bocht frae the chip shop,
Whaur the steam unfurls,
For yin Rudolf Hess
Sometime pal o wee Schicklgruber
As his iver-lovin Deputy Führer for nivermore,
A single cod and chips,
And yin gherkin pickelt square and fair
On the orders o Airmy Intelligence,
Tae eat while pacin the flair
Whan he wis in his cell by hissel,
In Maryhill Barracks wi cons galore
Aw efter he crasht up Eaglesham wey
That rainy nicht up on the moor.

But that wis than and today's the day
You feenisht a lifetime o needs by the wey,
Fillin museums wi memories,
Aw yer meenits in boxes under gless
Like wee dioramas alive, the smawest lang gane
Pero crystal clear for aw that, Myndins,
Some painful, or mebbe that wan's jist too shairp
And staunds oot especially, a rid flame at yer hert
Now here's a thing, that wis than and here it's noo,
The tap and the tail's aw worn awey,
The hair on ma heid and the sole o ma shae.

And see whaur ye'll find yer auld auntie Pam
In a Charity Shop wi an empty can
Examinin bits that the rich have ditched,
Or chinnin the day wi yon Food Bank man
Or wumman, whitiver the case mey be,
Acause we have entered an era cawed
The Age o *Noo*, ye see.

The Auld Yin Haes Anither Crack

Anither time cam intae ma heid.
Yon winter o discontent I mynd
Twinty, mebbe, thirty year ago or more.
Seems shorter than whit went afore.
Wan mornin back o yon time
Whan the inside o ma windy wis haar, aw rimed,
A hurricane blew lums doon by the ton
And the dancin wis stalkit by Bible John—
And aw o thaim, her, and him, and thaim and me too
Haed oor faces rinnin oot the back o oor heids
Wi thon Asian flu.
That's comin here again the noo.

So mak something oot o that
If ye can young man.
Thare it is as I mynd it, it wis true wance
But whaur is it noo, even the chance?
I kin still hear thaim aw in here, in ma heid,
Talkin, lauchin a bit, pissin, like an artist's picter
Whan they write ye a photae.
But no wan ye kin touch, eh?
Not even by a great Master, naw
Not a drawin o a memory
Ye'll niver touch that.
On ye go, tho..."

Canto Gettin Aulder and Caulder

Whan climate change blaws up the coast
And wind ferms spin and burn yer toast,
And melt yer slider at Saltcoats or Ayr,
And aw points west whaur we uised tae hiv the fair,
Gaein doon the watter wi Tam's uncle Frank
Or Ginty and thaim, tae the tail o the bank.

Patent Observation

They say the warld will end the nicht,
Which is jist ma luck cause I get ma giro
The morra
So it must be shite,
Unless I'm gettin a rationalized peyment
Which means it'll be a chyce
Between chips or raiment.

Canto The Auld Yin's Bairnheid

I mynd a time, but that's ma mynd
Whan thare war pits in the grund,
BINGS
Hunders and hunders o the slag kynd.
Syne a wee boy fell intae a burnin bing
A door tae Hell in the broon lands,
An Arrondissement o pitiless blazin things.
We war sufferin a defeat at the time
In Scotland whan the pouer gat cut
Frae the throat o false victory.

I wis thare, child, and their child and aw
Wey ma dirty taes and ma undescendit baw.
Lamb's fat caunles burnin in maw's grate,
Consecratit tae auld Nick indeed, and in yer heid
In the shaidaelaund o yer sel-consumin fear.
Than thare wis thon time whan ye first met
Sperm, seeds like burnin twists
O hertbeats firin up yer limbs
Frae ma testicle, if ye'v only gat wan
Twa if God haundit ye a spare,
Or the vanity case cawed yer fanny's daurk
Wi the maist pouerfu oracle in the warld
Which waits for yin double helix uncurled
A mirror that is the message
Wi its secrets frae the Oort Clood or mebbe Kilmarnock.
Tales are whispert in the everywhere darkness
Aneath the leiden sky o her dream
That we awready hae a Gateway.
O course *ye are* the portal we awready hiv.

Or than the wans that'd duin it,
Actually stroked the silky cauld
Whaur laddert stockins stop
Suspenders nip at the tap.

Or yer luve kin die whan the chemist's shop
Sells mornin-efter pills
Tae mak it easier or waur
And ye grow up tae mak
A human sacrifice o yersel
Or even mair'n that,
Accept the life ye made
As a luver's curse.

The Ballad o the Auld East End

Mynd son, mynd yon time
Skitin on the cobbles
Sayin tae yersel the wey ye dae
Asleep or awake nicht or day
And whit's the feckin diff efter aw
Sayin sotto voce
Like the first steamer iver tae cross the sleepin river.

That's in the mornin cauld as kale
The Granite Hoose haes gat a Sale
And aw across the East End wide
Frae Shettleston and Tollcross side,
Or Carntyne whaur the foundries end.

THE BALLAD O THE AULD EAST END

O muddy watters, dubs and dykes and pends.
The wifie buys so Sharkies lend,
The postie brings the mithers send
Notes o kisses roond the warld
Whilst gleamin motes o dew alicht
On myriad blades o grass unfurled
And growth gaes past the windy pane
Tae lend ye silent life again.

At that time in single ends or hooses grand
Yer Turf Accountants wis a huntit baund,
Stuid on boxes aw fat and regal
For takkin lines that warna legal,
And thare they wave and thare they go
Like flags in battle playin tic-tac-toe.
Till polis whistles mak ye rin
Tae hide in the close o yer Auntie Flo
Or courie doon ahint the bagwash and the wean's chantie po.

That's aw exceptit ma neebour Paddy Devine
That knew Glasgow's Finest war comin fine
And wis slipt a hauf a croon tae be
The banged-up man fallguy, heukelt, collar felt,
Peyed tae tak the punishment, no free
For that wee fee for a wee,
Usually owernicht in the Marine.
It wis jist owernicht like, the token captur
Hingin aboot in a wally cell for hauf a dollar.

Canto Bad is the Dream

Sleepin sounds the dyin make
Whan Auld Nick is on the ruif,
The clatter o a trimmed big huif
Keepin time wi a tuim rattle in yer kist
Even tho the three stents they gave ye
Wis the verra best newest experimental
Thare is in the warld as weel as the Jubilee,
Ye canna help but wunner oot the windae in the sky
Whaur yer place is wi the lang queue
In ahint aw the ither motes in Jesus' ee.
Uneasy sleeps the heid o he
That failt tae live his life, ye see.

Canto Ye Care: Deith is a Richt Blether

Sometimes, unwillin tae admit even tae yer secret
Sel pale
Whit yer inner sicht haes felt, or glimpst
The comin o anither day wi yer locked-doon thochts tae
Tick tock tick here's the mail
Frae aw the robots o the day
Tae advertise new cheap breidit ham for aw.
So ye ponder, ye wunner, ye mebbe hear wirds still raw,
New uttered in a crisis o the breith
That leaves ye gaspin for a wird for "deith".

While oot the windae up, up the street ahint the hill
A great gray figure in the clood wrack beckons still.
Unwillin, ye maun turn,
It hauds yer heid and forces ye roond, mak's ye see, girnin
Fearfu tae faw foriver
Intae places ye dinna deserve,
Ane wicker man that's burnin het as gleed.
Naa, you nor me need that not, and yit canna stop
Turnin roond commaundit by the verra nacht Mare Hersel
Nae mair on the Muin but here beside yese aw.
She follaes poets, needin tae see whaur ye're gaun
Whit lies o luve ye'll lay on weemen the day
She lies ootside in wait,
Even if ye are held fast by Cernunnos o a thoosand tines
Like the wind that souchs and shaks yon pines.
So, we are agreed this body o the Kirk and I
It's the Lord o the wild hunt ragin oot the sky
That's daein the shawin.
Cernunnos.

"See here, you, wee man," the Great Wan says. "Sleep weel
This nicht's the fever crisis for us aw, sae kneel.
Kneel in fealty that yer the-morra be sae bricht
Ye canna see the warst o't."
And so he fades like the green smoke
Maskin the chorus o the tragedoi departin,
Lang doon tae Hades gane
Cryin "Cry woe, cry woe, but let the good prevail,
Even frae a second lichtnin strike."
Awa, aw awa noo, till anither thunnerbolt cams doon on
Us, on heids o hair and hats or nane at aw
Frae Jovian hills o cumulous glens.

And ye wake up.
It comes tae ye unbidden. It wis thare aw alang.
Hou did ye no see that moil o crevasses or edges o broken roads?
Intimate, is it no? Hit's like haein Hell tae yersel,
Yer ain private veesion. Auld yins cried it the second sicht.
Cams doon on ye like hail stanes in wild storms
In this wide harsh thunnerplain o gray gleams
And gress o ice,
In a faur harsh laund, pentit wi shaidaes so ye canna see
The truth o hou I feel and fare wi clarity.

Early in the year 2020, thon clood-man cam,
Beckonin us tae follae
The burnin beacon o his fire-filled een
Ower the brim and doon the vale.

And thare afore us
So spreid under me ower the blue leagues,
Punctuatit by monuments tae lust denee'd
The hale panoply o a murthert laund,
Whaur Pandemonium is the capital and king.

I see the illness like an ochre beam, a yellae licht
Piercin the rents in racin skies abuin each slope
On either side a great river o dry weeds.
Than thare is the curse o memory and a day, a nicht's licht
Mindins that are gane

For ye're at war noo.
And ye need tae stay apart for a stert
Jist for a wee evermore or a lang nicht or twa.
Tell us whit ye saw if ye want,
Report back frae dyin if ye hiv the time,
But dae it, tell the life o oor real livin laund
Ye kin stay mervelously safe on hooseless hills
Wi mebbe a white hind or twa; or at hame
It's aw the same, and thunner-storms canna touch ye nae mair and
    mak ye hameless,
For ye are.

We ken that *Pan*'s the wird that maks us fecht abroad
It's aw the warld we are daein it for, and God
Strugglin, writin doon great tracts
O history as it happens
Even tho it seems like natter in the close.

So here we are, fechtin, retchin, greetin tae win,
Tae win, determined that we dae it weel
For you and you and you and aw thaim tae,
Tae brak the meniscus o the surface watter
O yer bubblin bluid infused wi life and thocht
Tae mak it real.
Staund back! Gie the strugglin mair breith, a gift frae aw
Oorsels, haundfus o breith.

As we war afore this Thing cam up tae spier and leer,
Or rain curses like canker roond the edge o mornin,
Blackenin wi things we canna see aw thegither hale
Aw the picter daurk and licht.

Is Deith no a richt blether?

Canto: Scoot, Get Doon, Aliens are Aboot

See that germ, it's no a germ but a virus
Jimpt pure oot
O a swamp o things that dinna like us much, you and I.
It can come like the touch o yer lips
Saft as a moth's wing on moist velvet ribbons
And ma breith cloodin its sheen o starlit faulds.

I've felt thaim eneuch, thare in the shared daurk we luved-
Mair than potent, jyned tae droon in the wine o oor
Imagination, shairp as the thrill o a wumman's sich
In the evenin, and the soond o lauchter passin by.

Mebbe ye kisst ma cup as weel, a secret gift
That I coud drink ma fill o yer innocence.
And ma mou wis inveetit ta touch yer ain
Whiles quaffin thae Free Trade grunds o the Ghana Hielands
In yer mammy's bone cheenae.

Or can it be perhaps this viral thing
Jumped aff o thon tea-towel wi a tear,
Thon wan frae Aberfeldy frae last year
Three poonds at the Fermer's Fair?
That wis a good day. Mynd that time?
On the towel itsel I kin see it aw
Sith we are tellin it like it is.
Thare's the stain whaur the Wee Wan spilt some orange fizz.

It's a scene wi a speug and a wee roond cat and a manky dug,
And noo yer Granda uises it whan he peels the spuds.
In this verra kitchen, here, this wan
Ay, c'mon noo, dinna be clever. This wan we are in.
We are aw in it thegither noo-
Mak the best o't
A kitchen cawed
REALITY.

Canto Reality Kitchen

This is REALITY KITCHEN and life is a gemm shaw.
And it wis here as weel on Wednesday past
Or thareaboots whan the Covid came.

It wis unseen by man nor dug nor tea-towel.
It's insidious and ye canna gie up the fecht in the middle.
Warldwide, it's gane viral, like something on the internet.
A virus is a deidly branch o something hauf alive, or no really deid
Crystals, naw equations that behave like livin things,
The trick is tae mak it believe it can dae things replicatin
Seeds and slurry, germinatin wi gusto.

In fact a virus is not really earth-like at aw,
It's like a thing that fell aff a comet's detritus:
But this is a serious discussion in a kitchen
And you in yer Granny's shawl for comfort
Ye dinna leuk like an alien wi yer wee face hingin oot.
Naw, not at aw.

The Cathkin willae noo
That grows oot o me and you,
No a virus but sheer
Niverendin livin beauty.

That day yer Granda jyned in the Viral Warld
And caucht that thing that isna human,
Yer dear Cathkin wis come tae fruition
And yer mither's hair wis still gowden red
And thare war bluims and bruim yellae as buttert gowd
On the hills and byweys o a trachelt nation.
The Cathkin that aye myndit me o you
Wis in bluim again as nature will, tae have its wey
By saisonal turns
Keepin sway ower memory;
Wee baws o licht, like furry snawflakes
Tae cut, sith we seem tae hae jurisdiction
Ower awthing alive, deid, or jist creautit in fiction.

Arrangement

First pit yer plants in a jaurie; second, arrange tae taste
Yours *or* the patient's if ye have the patience;
Place by his or her bed oot the sun syne they gat ill.
Thare now, leukin better awready, is it no?

Himsel is changin colour like the Cathkin will wi time,
No leukin himsel at aw,
A bit peely wally as aw thin dae
Whan thare is nae mair tae gie thaim
Frae science or the craft o the sage-femme
Meanin life, watter, medicine, care, nae mair left,
Dried up, only the faur faint echoes o bluims
Rememberin appenin in due saison
Now sae lang ago
Afore the year wis dyin,
And you heard yer first whispers
Frae ither people in ither rooms.

Canto Hame is the Gift

And than thare wis that ither day
Yer Da cam harin hame,
As fast as thon wee laddie that cam ower tae Scotland
Frae a torrid clime abuin the Horn o Afric shores,
For the Games here, the Common Weal
And beat yese aw.
He wis that quick he wis that time.
He'll no be noo, likely
Wi aw that fast food. It daes in distance rinners.
It kilt yer Elvis, hen.

So that day yer Da wis bonus-bent on humphin hame joy.
He shoured us aw wi Sunday gear,
Best bocht wi the luck he'd haed, ma ain Big Boy
Gat frae the Man at the tap.
Thare's a guitar for oor Rab, dreamin o Tallahassee Ridge,
And Maw's hat that she's been needin richt sair
Stuck daein washin—
The magic new hat tae wear for oor Mary
Gaun up the aisle wi lace knickers,
And aw the ither gairtens and bits she deserves
Tae tart her white thees aboot and are her ration.
Her new man, better than thon
Bobby Lankin thing she chuckt,
Big Andra the polis that we'v aw kent for yonks
Whan his Mammy stayed doon by Ella's at the Chemist.

Canto Brides Are Aff the Menu

The waddin's aff, sae nae matter onywey
Thirty, saxty, nummerless as the stars like Abraham,
Too mony wi oor virus lurkin drookit in the rain, ootside.
It's no the only dream been shattert
In this beauteous laund wide.
Whit aboot Jims' cousin Davey and his pairtner?
That's the wan he met whan they war baith
Thegither in A and E, ye see,
Luvely boy.
The pair o thaim, haundsome young men
And it niver occurred that it coud end,
Wan walkin aff doon the avenue tae nicht
Intae shaidae,
Ye kin jist mak him oot faintly on the edge o sicht.
Atween the snaw poles at Rannoch whaur the moor begins
Whaur I trained as a para and we stole a train
Jist for a lauch. Ye're alloued some sins.

Canto Mair Stragglers

Ginty coudna hae come tae her ain weddin either onywey,
She's on the back shift noo maist every nicht
And the Bairn's ward gien ower tae prisoners
O the Virus, and fu as rhubard pie
Wi thaim that's caucht the Virus like I said, forby,
And her and aw, volunteers, retired, ony doctor passin by
Gaun like rockets wi jam and socks for the astronauts,
And cosmonauts wey up thare in geostationary orbit
Fleein past as quick as holidays, up in the sky.
But still no different frae us
Leukin for a cure, gien hauf yer pey
On Thursday whan we beat the pots and pans
Or ony ither day.
So nane came tae the waddin frae aw the airts at aw,
An early risin cancelled, wirkin frae hame
It's great whan the dug disna get yer egg
And yer wife says "It's jist the same. Sit up straucht."
And thare wis even a wake that niver wis
Dust on the dust and the breakfast crust,
Left uneaten, and gane tae rust
Thae haundles on the casket tae as haundles must.

Canto This Hoose Believes Thon Covid Disna Care Nane

See whan ye turn yer een awa
Aff the baw as it war, mebbe jist the wance.
It will grasp at yer soul.
Or like a colander drained o green
And me, makin a bit for thaim still here
But niver noo joyous for iver efter
For thaim ye'v lost foriver, aw o us.

Thare's a black caul left whan a dreid thing is born
And veesitit upon the lanes and wynds o this laund,
A gray caul o a dun spirit.
It colours aw oor lives gray tae
Frae the radius tae the ulna, and the humerus
Aw bones and muscles raxin,
Tryin tae escape at the last. "Tae airms! Tae airms!"

Sometimes we carried a blame that wisna oor ain
Unneedit shame,
Seemin real acause ye took it on yersel.
It no yer faut that someone haed tae die
But, that's left a lingerin fear o days, aye.
Lingerin.

Canto Keenin in a Broch

If ye'v iver climbed a stair inside a broch,
Built as they war atween the waw's smawness and an inner waw
Spirallin up like the strange mist that lingers on the laund
On a time, and something, unseen
Is comin doon abuin ye doon the roch, the smaw stair
Ye'v jist climbed and descended frae.
Silent.
Here it's comin, it's comin, sweit rins doon yer neck.
Quietly ye step doon the daurk wey
No leukin back for ye canna see,
Feart tae wait, but tae Hell wi waitin for whit follaes ye.
Hurry.
Quiet but stumblin faster and faster,
Convinced that thon cauld shaidae Thing comes quickly efter
And quicker still
And ye win at the bottom at last,
Lost yer hat and dignity
Shakin like a haw in the wynd
Whit dae ye think o that!

Mebbe it's jist a cauld that's rinnin oot yer face.
But thir things arna real and so that's fine.
He telt me aw aboot it thon time afore the last
Whan he went tae see the broch
And niver cam back that nicht jist past.

Like the fever fear, like mucous membrane
Nags and cuddies whan ye blaw aw made o viscosity,
And terror aches and pains.
Whaur the spider fairies eat
And the glitterin Sìthe meet,
On a nicht abuin the broch
Or in a street whan ye're asleep,
Oh see you, infection taks haud o ma garganta
Like an auld gairdener's gluve
Raxin doon ma retchin aesophagus
Ma spinnin heid and me here that canna breithe at aw.

We aw wad be feart tae lie athwart an unmade bed
And leuk up at a lowerin nicht's cloak
Daurk as a Kobold's blindit ee,
And us made weary, weary o aw this bluidy miniscule
Aye resident in the carotid
O the strange beasties we aw are efter aw
Inherent in the praisent event, silent awe
And yer hert sterts again wi a stent,
And yer body pairts licht up and good dreams enter intae yer frame
Wan by wan, but no tae stay in nae recovery position, naw
Wi a life's wark yit tae dae.
Am aff tae fecht the Thing that's tryin tae bring us low
In some ither quean, or loon.
They'll no be ready at aw,
But are we iver?

For brave we must be tae battle in this regard.
Steidy, steidy on yer fechtin wey
And at the end ye'll mebbe keep yer life and hearth.
Gaitherin thegither tae haud it back
For we are Scotland that ye attack
And oor best mask, protection, washed haunds, or mebbe vaccine
Is the strenth o howp and we hiv seen
Aw o us thegither will slay the beastie, conquer, and kill that Covid-19.

CANTO VALEDICTORY

Canto Valedictory

And whit shall we say
Noo the auld yin's awey.
Nae mair shall he punt
Or kick oot at the baw
That goes up on the slates
Or hit Bob in the jaw
And thare's nae mair muinlichties
For him, nane at aw.

And whit shall we dae
Noo the Auld Yin's gaein hame
Tae the place that they keep
For the halt and the lame
That war young yins and brave
Noo lang gaithered by God
Intae sods, waves, and aw.

And afore they war cawed
Faithered aunties or Maw.
That warld's sunk tae Hell
And blawn awey doon
So thare's likely no flittin's this nicht doon the toun.

And whit shall we dae noo the auld yin is ill
And his stick's in the haw
And the rain on the hill
Feeds the river that runs past the close that he knew
Doon whaur navies war built
And the steam whistle blew.
Ye ken whit I'm on aboot, dae ye no, son
That the Auld Yin wis here and noo he is gane?

The bunnet that wance wis the sign o auld Pop
Jynes the troops linin up in the Charity Shop.
And the ice cream van warbles "Popeye" on the ben
That's now clothed wi the schemes but it wisna back than
And boat hooses and aw. That's wi mortgages, ken.
And the wrack is aw fu o the ghosties o ghosts
And their hierarchies o servans and hosts
While abuin, his auld shade
Sees big jets mak their wey
Ower the hungry, the hameless,
The chancers o day,
The minkers and nokers
O nicht on their wey.
And thare's squatters and tossers and dossers and aw
Needin howp but nae flittin no, nae flits at aw.

And whit shall he see, now the Auld Yin's asleep?
In the breest o Nivermair Castle and Keep,
Whitiver it is, or just naethin at aw
The auld days are gane doon the stank in the mall.

Nae mair milk in gless bottles
Or weans born tae keek
Roond the corner and flag ye
Wi whistles and sneak,
And games that need cauk
And sugarallie watter
And weemen wi shoppin bags hivin a natter
While their weans rin awey and play by thaimsels
Safe as hooses while skippin and makin wee smells.

His warld's whipt awey
Tae the end o the day,
Nae mair zumbas or zombies that aye cam alive
Or daft jumpin gonks on rebooted haurd drives.
For the Young Yin's the Auld Yin
Or at least soon will be
Wi his ain mini Young Yin asleep on his knee.

For the morra is comin
On wings o the sperm
That like salmon leaps back
Or infects like the germ,
That brings wi it sneezes and colours yer een
That began back wi Adam.
The Faither o Lies

So thare stuid the man wi his hert made o clay
And the lassie like him bare as licht in the day,
And the serpent a salesman if iver their wis
Selt her an aipple priced heich at yin kiss.

The fruit taintit him and his wumman and aw
Wi awareness and bareness
His kin and his kith, even
That lassie cawed Eve and her girlfreend Lilith.

For today they're aw temptin each ither and aw
The Young and the younger, the fit and the braw
Play the gemm o kidology awake or in bed
While the Auld Yin grins doon frae the Pub o the Deid,
And it mey well be likely
That so daes his wife
Frae the unisex snugs o the Scots efterlife.

And life is yin oyster, a cone in yer dream,
Whan ye rin wi yer money tae buy an ice cream
That ye hae in a slider, ye'll mynd whan yours fell
Slipt yer howps and yer dreams doon the stank in the mall.

CANTO VALEDICTORY

For Alba's the name and Alba's the gemm
And deid or alive, we still caw it HAME.

That's us than.

www.ingramcontent.com/pod-product-compliance
Lightning Source LLC
Chambersburg PA
CBHW060947170426
43201CB00023B/2415